CHANSONS

INÉDITES.

AVIS IMPORTANT.

Nous poursuivrons suivant la rigueur des lois les contrefacteurs, distributeurs *ou* vendeurs des Chansons *de M. Béranger.*

L'amende est de la valeur de 3000 *exemplaires, et nous en déléguerons le* quart *à toute personne qui nous fera connaître le* vendeur *d'éditions contrefaites, sans qu'elle soit tenue de paraître en justice.*

A. B.

PARIS. — IMPRIMERIE DE FAIN,
Rue Racine, n°. 4, place de l'Odéon.

CHANSONS

INÉDITES

DE

M. P. J. DE BÉRANGER.

PARIS.

BAUDOUIN FRÈRES, ÉDITEURS,

RUE DE VAUGIRARD, N°. 17.

1828.

L'IN-OCTAVO

ET L'IN-TRENTE-DEUX.

PRÉFACE D[illegible]ITION IN-8°.

Air du Carnaval.

Quoi ! mes couplets, encore une sottise !
Osez-vous bien paraître in-octavo ?
Juge, critique, et docteur de l'église,
Vont après vous s'acharner de nouveau.
L'in-trente-deux trompait l'œil du myope,
Mais vos défauts vont être tous sentis :
C'est le ciron vu dans un microscope.
Mieux vous allait de rester tout petits,
Petits, petits, oui, petits, tout petits.

« Quel trait d'orgueil ! dira la calomnie :
» Ferait-on plus pour des alexandrins ?

*

» Le chansonnier vise à l'Académie,
» Et veut au Pinde anoblir ses refrains. »
Viser si haut, malgré cette imposture,
N'est point mon fait, je vous en avertis.
Pour conserver vos lettres de roture,
Mieux vous allait de rester tout petits,
Petits, petits, oui, petits, tout petits.

Je vois deux sots rendus à leur province :
« Messieurs, dit l'un, sifflons le troubadour.
» Il veut des croix, et, pour l'offrir au prince,
» A son recueil a mis l'habit de cour.
» Le Roi, dit l'autre, a daigné lui sourire ;
» Même a trouvé ses vers assez gentils. »
Voyez du Roi ce que vous ferez dire !
Mieux vous allait de rester tout petits,
Petits, petits, oui, petits, tout petits.

L'humble format sut plaire à cette classe
Sur qui les arts sèment trop peu de fleurs ;
Il se fourrait jusque dans la besace
De l'indigent dont il séchait les pleurs.

A la guinguette instruisant ces recrues,
D'obscurs lauriers j'ai fait large abatis.
Pour rencontrer la gloire au coin des rues,
Mieux vous allait de rester tout petits,
Petits, petits, oui, petits, tout petits.

Je dois trembler, car moi, qui suis prophète,
Je vois de loin l'oubli fondre sur vous.
De tant d'échos dont la voix vous répète,
L'un meurt, puis l'autre, et puis cent, et puis tous.
Déjà mon front sent glisser sa couronne ;
Comme les miens vos beaux jours sont partis.
Pour disparaître au premier vent d'automne,
Mieux vous allait de rester tout petits,
Petits, petits, oui, petits, tout petits.

CHANSONS
INÉDITES.

COUPLETS

SUR UN PRÉTENDU PORTRAIT DE MOI MIS EN TÊTE D'UNE ÉDITION DE MES CHANSONS (1826). *

AIR :

PETIT portrait de fantaisie,
Mis en tête de mon recueil,
Penses-tu que par courtoisie

* Ce portrait est le même que celui que j'ai rencontré quelquefois chez les marchands de caricatures.

Le monde entier te fasse accueil ?
Tu peux te parer, si tu l'oses,
D'un laurier modeste et discret ;
Tu peux te couronner de roses :
Non, non, tu n'es pas mon portrait.

Jamais je ne me suis fait peindre ;
Mais qui donc représentes-tu ?
Peut-être un cafard qui sait feindre
Jusqu'au charme de la vertu ;
Un petit saint, pétri de ruse,
Qu'à Montrouge on encenserait.
La bonne enseigne pour ma muse !
Non, non, tu n'es pas mon portrait.

Ou serais-tu l'auteur tragique,
Qui calcula, rima, lima
Maint rôle bien académique,
Qu'en vain a réchauffé Talma ?
Quoi ! parer d'une noble image
Mes petits vers de cabaret !
Pour l'alexandrin quel outrage !
Non, non, tu n'es pas mon portrait.

Dans ton masque à mine pincée
Est-ce un vil censeur que je vois,
Rat de cave de la pensée,
Qu'il confisque au profit des rois ?
J'ai de la fraude en pacotille,
Qu'à la barrière on saisirait :
Tu me tiendras lieu d'estampille.
Non, non, tu n'es pas mon portrait.

Mais ta laideur serait la mienne,
Que ta gloire y gagnerait peu.
Crains même qu'un prêtre ne vienne
Saintement te livrer au feu.
Dans l'avenir je devrais vivre,
Que de toi l'on se passerait :
Je suis bien mieux peint dans ce livre.
Non, non, tu n'es pas mon portrait.

LE GRENIER.

AIR : Du carnaval de Meissonnier.

JE viens revoir l'asile où ma jeunesse
De la misère a subi les leçons.
J'avais vingt ans, une folle maîtresse,
De francs amis et l'amour des chansons.
Bravant le monde et les sots et les sages,
Sans avenir, riche de mon printemps,
Leste et joyeux je montais six étages.
Dans un grenier qu'on est bien à vingt ans!

C'est un grenier, point ne veux qu'on l'ignore.
Là, fut mon lit, bien chétif et bien dur;
Là, fut ma table; et je retrouve encore
Trois pieds d'un vers charbonnés sur le mur.
Apparaissez, plaisirs de mon bel âge,
Que d'un coup d'aile a fustigés le temps.

Vingt fois pour vous j'ai mis ma montre en gage.
Dans un grenier qu'on est bien à vingt ans !

Lisette ici doit surtout apparaître,
Vive, jolie, avec un frais chapeau :
Déjà sa main à l'étroite fenêtre
Suspend son schal, en guise de rideau.
Sa robe aussi va parer ma couchette ;
Respecte, amour, ses plis longs et flottans.
J'ai su depuis qui payait sa toilette.
Dans un grenier qu'on est bien à vingt ans !

A table un jour, jour de grande richesse,
De mes amis les voix brillaient en chœur,
Quand jusqu'ici monte un cri d'allégresse :
A Marengo Bonaparte est vainqueur.
Le canon gronde ; un autre chant commence ;
Nous célébrons tant de faits éclatans.
Les rois jamais n'envahiront la France.
Dans un grenier qu'on est bien à vingt ans !

Quittons ce toit où ma raison s'enivre.
Oh ! qu'ils sont loin ces jours si regrettés !

J'échangerais ce qu'il me reste à vivre
Contre un des mois qu'ici Dieu m'a comptés
Pour rêver gloire, amour, plaisir, folie,
Pour dépenser sa vie en peu d'instans,
D'un long espoir pour la voir embellie,
Dans un grenier qu'on est bien à vingt ans!

L'ÉCHELLE DE JACOB.

AIR : Ah ! si ma dame me voyait !

Lorsqu'un patriarche, en dormant,
Vit la plus longue des échelles,
Où, de crainte d'user leurs ailes,
Les anges montaient lestement
Jusqu'aux portes du firmament,
Il vit ses fils, quelqu'un l'assure,
Sur l'échelle aussi se hisser,
Croyant qu'au ciel on fait l'usure.
Grand Dieu ! le pied va leur glisser !

De ce cri du fils d'Isaac
Sa race ne tient aucun compte.
A l'échelle chaque Hébreu monte,
Fraudant eau-de-vie et tabac,

Des écus rognés dans un sac.
Chargés de bijoux et de traites,
Ils vont d'abord, pour commercer,
Aux anges vendre des lorgnettes.
Grand Dieu ! le pied va leur glisser !

Mais Jacob en voit deux ou trois,
Dont nos désastres font la gloire.
Un page leur tient l'écritoire ;
Ils ont des titres, et, je crois,
Des crachats et même des croix.
Riches de l'or de cent provinces,
Sur leur coffre ils ont fait tracer :
« Mont-de-Piété pour les princes. »
Grand Dieu ! le pied va leur glisser !

« Ah ! dit Jacob, des fils si chers
» Prouvent que Dieu tient sa promesse.
» Seuls ils font la hausse et la baisse,
» Ont seuls tous les emprunts ouverts ;
» Mes fils règnent sur l'univers.

» C'est la peste à qui rien n'échappe ;
» Voyez dix rois les caresser.
» Ils se font bénir par le pape.
» Grand Dieu ! le pied va leur glisser ! »

Qui les suit ? C'est un cordon bleu ,
Qu'en frère chacun d'eux embrasse.
Cet homme est-il bien de ma race ?
Son *trois pour cent* le prouve un peu ,
Mais *sandis !* n'est pas de l'hébreu.
A mes fils comme il se cramponne !
Quoi ! pour voir le Jourdain hausser
Ils ont assuré la Garonne !
Grand Dieu ! le pied va leur glisser !

Tandis qu'il les voit à grands pas
Sur l'échelle élever leur course,
Vient Satan qui crie : « A la bourse !
« Messieurs, on craint de grands débats. »
Bien vite ils regardent en bas.

La tête tourne à la sequelle,
Dont l'orgueil est si haut placé :
Le diable a secoué l'échelle.
Grand Dieu! le pied leur a glissé!

LE CHAPEAU DE LA MARIÉE.

Air :

Demain engagez votre foi ;
A l'église allez sans scrupule.
Fille trompeuse, oubliez-moi
Pour un époux riche et crédule.
Des roses, qui naissaient pour lui,
La dîme à tort me fut payée ;
Mais en retour j'offre aujourd'hui
Le chapeau de la mariée.

Acceptez ces fleurs d'oranger ;
Qu'à votre voile on les attache.
Sous le joug fier de se ranger,
Que l'époux dise : elle est sans tache.
L'amour se plaint, mais c'est tout bas ;
Mais par vous la Vierge est priée.

Allez ; on n'arrachera pas
Le chapeau de la mariée.

Quand vos sœurs se partageront
Ces fleurs qu'on dit d'heureux augure,
Les garçons vous déroberont
Une plus secrète parure
La jarretière, pensez-y!
Chez moi vous l'avez oubliée.
Me faudra-t-il la joindre aussi
Au chapeau de la mariée ?

La nuit vient ; vous poussez deux cris,
Imités de ce cri si tendre
Qu'un jour, au cœur le plus épris,
Votre innocence a fait entendre.
Le lendemain, l'époux, cent fois,
Raconte à la noce égayée
Que l'hymen s'est piqué les doigts
Au chapeau de la mariée.

Le voilà trompé, ce mari!
Ah! qu'il le soit bien plus encore.

Dieu ! quel fol espoir m'a souri,
Quand pour lui l'autel se décore !
Malgré le prêtre et ton serment,
Oui, par tes pleurs justifiée,
Tu viendras payer à l'amant
Le chapeau de la mariée.

L'ANGE GARDIEN.

AIR : Jadis un célèbre empereur.

A L'HOSPICE un gueux tout perclus
Voit apparaître son bon ange ;
Gaiement il lui dit : Ne faut plus
Que votre altesse se dérange.
Tout compté je ne vous dois rien :
Bon ange, adieu ; portez-vous bien.

Sur la paille, né dans un coin,
Suis-je enfant du Dieu qu'on nous prêche ?
Oui, dit l'ange ; aussi j'eus grand soin
Que ta paille fût toujours fraîche.
Tout compté je ne vous dois rien :
Bon ange, adieu ; portez-vous bien.

Jeune et vivant à l'abandon,
L'aumône fut mon patrimoine.

Oui, dit l'ange, et je te fis don
Des trois besaces d'un vieux moine.
Tout compté je ne vous dois rien :
Bon ange, adieu ; portez-vous bien.

Soldat bientôt, courant au feu,
Je perdis une jambe en route.
Oui, dit l'ange ; mais avant peu
Cette jambe aurait eu la goutte.
Tout compté je ne vous dois rien :
Bon ange, adieu ; portez-vous bien.

Pour mes jours gras, du vin fraudé
Mit le juge après mes guenilles.
Oui, dit l'ange ; mais je plaidai :
Tu ne fus qu'un an sous les grilles.
Tout compté je ne vous dois rien :
Bon ange, adieu ; portez-vous bien.

Chez Vénus j'entre en maraudeur ;
C'est tout fruit vert que j'en rapporte.
Oui, dit l'ange ; mais, par pudeur,
Là je te quittais à la porte.

Tout compté je ne vous dois rien :
Bon ange, adieu ; portez-vous bien.

D'un laidron je deviens l'époux,
Priant qu'il ne soit que volage.
Oui, dit l'ange ; mais nul de nous
Ne se mêle de mariage.
Tout compté je ne vous dois rien :
Bon ange, adieu ; portez-vous bien.

Vieillard, affranchi de regrets,
Au terme heureux enfin atteins-je ?
Oui, dit l'ange ; et je tiens tout prêts
De l'huile, un prêtre et du vieux linge.
Tout compté je ne vous dois rien.
Bon ange, adieu ; portez-vous bien.

De l'enfer serai-je habitant,
Ou droit au ciel veut-on que j'aille ?
Oui, dit l'ange ; ou bien non, pourtant :
Crois-moi, tire à la courte-paille.
Tout compté je ne vous dois rien :
Bon ange, adieu ; portez-vous bien.

Ce pauvre diable, ainsi parlant,
Mettait en gaîté tout l'hospice.
Il éternue ; et, s'envolant,
L'ange lui dit : Dieu te bénisse !
Tout compté je ne vous dois rien.
Bon ange, adieu ; portez-vous bien.

LA MÉTEMPSYCOSE.

AIR du vaudeville de la Robe et des Bottes, ou de la République.

GRAND partisan de la Métempsycose,
En philosophe, hier, sur l'oreiller,
De mes penchans pour connaître la cause,
J'ai mis mon âme en train de babiller.
Elle m'a dit : Tu me dois un beau cierge,
Car sans mon souffle au néant tu restais;
Mais jusqu'à toi je n'arrivai point vierge. } *Bis.*
— Ah! mon âme, je m'en doutais,
Je m'en doutais, je m'en doutais.

Je m'en souviens; oui, dit-elle, humble lierre,
J'ai couronné jadis des fronts joyeux.
Puis, échauffant plus subtile matière,
Petit oiseau, je saluai les cieux.
Dans le bocage, au près des pastourelles,

Je voltigeais, je sautais, je chantais.
L'indépendance agrandissait mes ailes.
— Ah! mon âme, je m'en doutais,
Je m'en doutais, je m'en doutais.

Je fus Médor, des chiens le plus habile,
Qui, d'un aveugle unique et sûr appui,
Entre ses dents sut prendre une sébile,
Guider son maître et mendier pour lui.
Utile au pauvre, au riche sachant plaire,
Pour nourrir l'un, chez l'autre je quêtais.
J'ai fait du bien, puisque j'en ai fait faire.
— Ah! mon âme, je m'en doutais,
Je m'en doutais, je m'en doutais.

Puis j'animai la beauté d'une fille.
Que j'étais bien dans ma douce prison!
Mais de mon gîte on s'empare, on le pille;
Tous les amours y mettent garnison.
En vrais soudars ils y faisaient esclandre,
Et jour et nuit, du coin que j'habitais,
A la maison je voyais le feu prendre.

— Ah ! mon âme, je m'en doutais,
Je m'en doutais, je m'en doutais.

Sur tes penchans que mon récit t'éclaire ;
Mais, dit mon âme, apprends aussi de moi
Qu'au ciel un jour ayant osé déplaire,
Pour m'en punir, Dieu m'enferma chez toi.
Veilles, travaux, artifices de femme,
Pleurs, désespoir et des maux que je tais,
Font qu'un poëte est l'enfer pour une âme.
— Ah ! mon âme, je m'en doutais,
Je m'en doutais, je m'en doutais.

LES PAUVRES AMOURS.

Air : Jupiter un jour en fureur.

Trois douzaines de Cupidons,
Qu'une actrice a mis sur la paille,
Hier mendiaient, et la marmaille
Les poursuivait de gais lardons.
Chez Lise ils frappent d'un air triste ;
Lise répond : Nous sommes sourds.
Quoi ! vivrez-vous donc toujours,
Vieux petits culs nus d'amours ?
Allez, Dieu vous assiste !

Partout en France on vous fourra.
Vous avez guindé la sculpture,
Vous avez fardé la peinture,
Vous affadissez l'Opéra.
Des Anacréons j'ai la liste ;

Ils encombrent ville et faubourgs.
Vous les couronnez toujours,
Vieux petits culs nus d'amours;
Allez, Dieu vous assiste!

Quittez votre Olympe en débris.
Que Mars, Phébus, Bacchus, Minerve,
Voguent avec vous de conserve;
A Gnide remmenez Cypris.
Les Grâces suivront à la piste,
Phébé guidera votre cours.
Émigrez, mais pour toujours,
Vieux petits culs nus d'amours;
Allez, Dieu vous assiste!

Emballez avec tous vos dieux,
Flore et l'Aurore aux doigts de roses;
Par leur nom appelons les choses,
Les choses n'en plairont que mieux.
Mon cœur à l'amant qui persiste
Se rend bien sans votre secours;
Sans vous j'aimerai toujours,

Vieux petits culs nus d'amours ;
Allez, Dieu vous assiste !

En leur fermant la porte au nez,
Parlait ainsi la tendre Lise,
Quand près d'eux passe une marquise,
Dont à peine ils sont les aînés.
La dame, quoique moraliste,
Leur dit : Rendez-moi mes beaux jours.
Dans ma chambre et pour toujours,
Chers petits culs nus d'amours *,
Venez, Dieu vous assiste.

---

* On ne se scandalisera pas de certain mot placé dans ce refrain, si l'on se rappelle que ce mot était employé par les dames de la cour avant la révolution, pour désigner une mode du temps. Madame de Genlis raconte à ce sujet, dans ses Mémoires, une anecdote on ne peut plus gaie.

A M. GOHIER,

DERNIER PRÉSIDENT DU DIRECTOIRE, QUI M'AVAIT ADRESSÉ UNE CHANSON, DONT LE REFRAIN EST :

Fouette ! Fouette !
Chante toujours ; ne t'endors pas.

(1825.)

Air du vaudeville des Chevilles de maître Adam.

Oui, je dormais sur un petit volume,
Qui me vaudra d'être encore étrillé ;
Lorsqu'en flatteur, le bout de votre plume,
Me chatouillant, m'a soudain réveillé.
Je me suis dit : C'est présage céleste !
Les mauvais jours seraient-ils donc passés ?
Car, je ne sais si quelque fouet nous reste,
Mais jusqu'ici c'est nous qu'on a fessés.

Tout gai frondeur, semant le ridicule,
Ne peut, chez nous, qu'en recueillir du mal.
Notre empereur portait longue férule;
Puis est venu le martinet royal;
Et puis le knout, et puis les fils d'Ignace,
Dont tous les fouets contre nous sont dressés.
Dieu soit béni! mais, s'il ne nous fait grâce,
Les chansonniers seront toujours fessés.

J'ai bien reçu ma part des étrivières!
Grippe-Minaud m'en donna pour trois mois.
En refaisant des nœuds à ses lanières,
Il me poursuit encor d'un œil sournois.
Si de Tartufe on n'entend les trois messes,
Si pour les grands l'encens ne brûle assez,
C'est fait de nous! nos seigneurs les jean-fesses
Aiment à voir les bonnes gens fessés.

Vous, qui chantez comme on chante au bel âge,
Des rois, des saints ne plaisantez donc pas;
Ou, trop enclin au joyeux persiflage,
Vivez long temps; allez bien tard là-bas;

Car en enfer on marque votre place ;
Des noirs démons les bras sont retroussés.
Vous et Collé, même aussi votre Horace,
Ensemble un jour vous serez tous fessés.

COUPLET

ÉCRIT SUR UN RECUEIL DE CHANSONS MANUSCRITES DE M. VAYSSIÈRE.

Air : De la République.

Si j'étais roi, roi de la chansonnette,
Comme en secret me l'a dit maint flatteur,
Votre recueil à ma muse inquiète
Dénoncerait un jeune usurpateur.
Car les conseils qu'en si bons vers il donne
Au pauvre peuple, objet de tant d'effroi,
Feraient trembler mon sceptre et ma couronne
Si j'étais roi. (*bis.*)

LE CONVOI DE DAVID [1].

Air de Roland.

Non, non, vous ne passerez pas,
Crie un soldat sur la frontière,
A ceux qui de David, hélas!
Rapportaient chez nous la poussière.
— Soldat, disent-ils dans leur deuil,
Proscrit-on aussi sa mémoire ?
Quoi! vous repoussez son cercueil,
Et vous héritez de sa gloire!

---

[1] Les enfans de ce grand peintre ayant sollicité en vain l'autorisation de rapporter sa dépouille en France, ont été obligés de le faire inhumer dans une église de Bruxelles, après en avoir obtenu la permission du roi des Pays-Bas.

(*Chœur.*)

Fût-il privé de tous les biens,
Eût-il à trembler sous un maître,
Heureux qui meurt parmi les siens
Aux bords sacrés (*bis*) qui l'ont vu naître ! (*bis.*)

Non, non, vous ne passerez pas,
Dit le soldat avec furie.
— Soldat, ses yeux, jusqu'au trépas,
Se sont tournés vers la patrie.
Il en soutenait la splendeur,
Du fond d'un exil qui l'honore;
C'est par lui que notre grandeur
Sur la toile respire encore.

(*Chœur.*)

Fût-il privé de tous les biens,
Eût-il à trembler sous un maître,
Heureux qui meurt parmi les siens
Aux bords sacrés (*bis*) qui l'ont vu naître ! (*bis.*)

Non, non, vous ne passerez pas,
Redit plus bas la sentinelle.

— Le peintre de Léonidas,
Dans la liberté n'a vu qu'elle.
On lui dut le noble appareil
Des jours de joie et d'espérance,
Où les beaux-arts à leur réveil
Fêtaient le réveil de la France.

(*Chœur.*)

Fût il privé de tous les biens,
Eût-il à trembler sous un maître,
Heureux qui meurt parmi les siens
Aux bords sacrés (*bis*) qui l'ont vu naître! (*bis.*)

Non, non, vous ne passerez pas,
Dit le soldat, c'est ma consigne.
— Du plus grand de tous les soldats
Il fut le peintre le plus digne.
A l'aspect de l'aigle si fier,
Plein d'Homère et l'âme exaltée,
David crut peindre Jupiter;
Hélas! il peignait Prométhée.

(*Chœur.*)

Fût-il privé de tous les biens,
Eût-il à trembler sous un maître,
Heureux qui meurt parmi les siens
Aux bords sacrés (*bis*) qui l'ont vu naître ! (*bis.*)

Non, non, vous ne passerez pas,
Dit le soldat, devenu triste.
— Le héros, après cent combats,
Succombe et l'on proscrit l'artiste.
Chez l'étranger la mort l'atteint ;
Qu'il dut trouver sa coupe amère !
Aux cendres d'un génie éteint,
France, tends les bras d'une mère.

(*Chœur.*)

Fût-il privé de tous les biens,
Eût-il à trembler sous un maître,
Heureux qui meurt parmi les siens
Aux bords sacrés (*bis*) qui l'ont vu naître ! (*bis.*)

Non, non, vous ne passerez pas,
Dit la sentinelle attendrie.

— Eh bien, retournons sur nos pas.
Adieu, terre qu'il a chérie!
Les arts ont perdu le flambeau
Qui fit pâlir l'éclat de Rome.
Allons mendier un tombeau,
Pour les restes de ce grand homme.

(*Chœur.*)

Fût-il privé de tous les biens,
Eût-il à trembler sous un maître,
Heureux qui meurt parmi les siens,
Aux bords sacrés (*bis*) qui l'ont vu naître! (*bis.*)

LE CHASSEUR ET LA LAITIÈRE.

Air :

L'alouette à peine éveillée
Chante l'aurore d'un beau jour ;
Suis le chasseur sous la feuillée,
Laitière, il parlera d'amour.
Dans la rosée, allons, ma chère,
Cueillir pour toi fleurs du printemps.
— Non, beau chasseur, je crains ma mère.
Je ne veux pas perdre mon temps.

Ta mère et sa chèvre fidèle
Sont loin derrière ce coteau.
Écoute une chanson nouvelle
Qui vient des dames du château.
Fille qui la peut faire entendre
Doit fixer les plus inconstans.
— Chasseur, j'en sais une aussi tendre.
Je ne veux pas perdre mon temps.

Pour la dire, apprends l'aventure
Du spectre d'un baron jaloux,
Entraînant à sa sépulture
La beauté dont il fut l'époux.
Ce récit, quand la nuit est noire,
Fait frissonner les assistans.
— Chasseur, je connais cette histoire.
Je ne veux pas perdre mon temps.

Je puis t'enseigner des prières
Pour charmer la fureur des loups,
Ou pour conjurer des sorcières
L'œil malfaisant tourné vers nous.
Crains qu'une vieille en sa misère
Ne jette un sort sur ton printemps.
— Chasseur, n'ai-je pas un rosaire?
Je ne veux pas perdre mon temps.

Eh bien, vois cette croix qui brille;
Compte ses rubis précieux.
Sur le sein d'une jeune fille,
Elle attirerait tous les yeux.

Prends-la, malgré ce qu'elle coûte;
Mais songe au prix que j'en attends.
— Qu'elle est belle ! ah ! je vous écoute,
Ce n'est pas là perdre mon temps.

LE SACRE

DE CHARLES LE SIMPLE.

Charles III, dit le Simple, l'un des successeurs de Charlemagne, fut d'abord évincé du trône par Eudes, comte de Paris. Il se réfugia en Angleterre, puis en Allemagne. Mais, à la mort d'Eudes (en 898), les seigneurs et les évêques français s'étant rattachés à Charles, lui rendirent la couronne, qu'il perdit enfin, lorsque trahi par Hébert, comte de Vermandois, il fut emprisonné à Péronne, où il mourut en 924.

Air : Du beau Tristan (de Beauplan).

Français, que Rheims a réunis,
Criez : Montjoie et Saint-Denis!
On a refait la sainte ampoule,
Et, comme au temps de nos aïeux,
Des passereaux lâchés en foule
Dans l'église volent joyeux.

D'un joug brisé ces vains présages
Font sourire sa majesté.
Le peuple s'écrie : Oiseaux, plus que nous soyez sages,
Gardez bien, gardez bien votre liberté (*bis*).

Puisqu'aux vieux *us* on rend leurs droits,
Moi, je remonte à Charles trois.
Ce successeur de Charlemagne
De Simple mérita le nom.
Il avait couru l'Allemagne,
Sans illustrer son vieux pennon.
Pourtant, à son sacre on se presse ;
Oiseaux et flatteurs ont chanté.
Le peuple s'écrie : Oiseaux, point de folle allégresse!
Gardez bien, gardez bien votre liberté (*bis*).

Chamarré de vieux oripeaux,
Ce roi, grand avaleur d'impôts,
Marche entouré de ses fidèles,
Qui tous, en des temps moins heureux,
Ont suivi les drapeaux rebelles
D'un usurpateur généreux.

Un milliard les met en haleine;
C'est peu pour la fidélité.
Le peuple s'écrie : Oiseaux, nous payons notre chaîne.
Gardez bien, gardez bien votre liberté (*bis*).

Aux pieds de prélats cousus d'or
Charles dit son *confiteor*.
On l'habille, on le baise, on l'huile,
Puis, au bruit des hymnes sacrés,
Il met la main sur l'Évangile.
Son confesseur lui dit : « Jurez :
» Rome, que l'article concerne,
» Relève d'un serment prêté. »
Le peuple s'écrie : Oiseaux, voilà comme on gouverne !
Gardez bien, gardez bien votre liberté (*bis*).

De Charlemagne, en vrai luron,
Dès qu'il a mis le ceinturon,
Charles s'étend sur la poussière.
Roi ! crie un soldat, levez-vous !
« Non, dit l'évêque ; et, par Saint-Pierre,
» Je te couronne ; enrichis-nous.

» Ce qui vient de Dieu vient des prêtres.
» Vive la légitimité! »
Le peuple s'écrie : Oiseaux, notre maître a des maîtres.
Gardez bien, gardez bien votre liberté (*bis*).

Oiseaux, ce roi miraculeux
Va guérir tous les scrofuleux.
Fuyez, vous qui de son cortége
Dissipez seuls l'ennui mortel;
Vous pourriez faire un sacrilége
En voltigeant sur cet autel.
Des bourreaux sont les sentinelles
Que pose ici la piété.
Le peuple s'écrie : Oiseaux, nous envions vos ailes.
Gardez bien, gardez bien votre liberté (*bis*),
Gardez bien votre liberté.

BONSOIR.

COUPLETS A M. LAISNEY, IMPRIMEUR A PÉRONNE. *

Air : De la République.

Mon cher Laisney, trinquons, trinquons encore
A nos beaux jours promptement écoulés.
Comme ils sont loin, les feux de notre aurore !
Que de plaisirs avec eux envolés !
Mais de regrets faut-il qu'on se repaisse ?
Non ; la gaîté nourrit encor l'espoir.
Mon vieil ami, quand pour nous le jour baisse,
   Souhaitons-nous un gai bonsoir.

* C'est dans son imprimerie que je fus mis en apprentissage. N'ayant pu parvenir à m'enseigner l'orthographe, il me fit prendre goût à la poésie, me donna des leçons de versification et corrigea mes premiers essais.

Cinquante hivers ont passé sur ta tête ;
J'ai de bien près cheminé sur tes pas.
Mais ces hivers ont eu leurs jours de fête,
Tout ne fut point aquilons et frimas.
Aurions-nous mieux employé la jeunesse,
Vécu moins vite avec un riche avoir ?
Mon vieil ami, quand pour nous le jour baisse,
Souhaitons-nous un gai bonsoir.

Dans l'art des vers, c'est toi qui fus mon maître;
Je t'effaçai sans te rendre jaloux.
Si les seuls fruits que pour nous Dieu fit naître
Sont des chansons, ces fruits sont assez doux.
Dans nos refrains que le passé renaisse,
L'illusion nous rendra son miroir.
Mon vieil ami, quand pour nous le jour baisse,
Souhaitons-nous un gai bonsoir.

Reposons-nous, car les amours, sans doute,
Pour qui jadis nous avons tant marché,
Nous crîraient tous, s'ils nous trouvaient en route:
Allez dormir, le soleil est couché.

Mais l'amitié, l'ombre fût-elle épaisse,
Vient allumer nos lampes pour y voir.
Mon vieil ami, quand pour nous le jour baisse,
Souhaitons-nous un gai bonsoir.

LE
MISSIONNAIRE DE MONTROUGE,

Pour la fête de Marie ***.

(C'est un dindon qui est censé parler.)

Air : Allez-vous-en, gens de la Noce.

Ave Maria ! ma voisine,
Que le ciel daigne vous toucher !
Montrouge, où l'esprit saint domine,
M'envoie ici pour vous prêcher.
On exalte en vain votre grâce,
Votre gaîté, vos heureux goûts.
Gloux ! gloux ! gloux ! gloux ! (*bis*).
Reconnaissez la voix d'Ignace :
Pleurez et convertissez-vous.

Vous applaudissez aux lumières
D'un siècle aveugle et perverti ;
Votre raison ne se plaît guère
Qu'avec Voltaire et son parti.
Ah! préférez à leur audace,
L'esprit d'un frère coupe-choux.
Gloux! gloux! gloux! gloux! (*bis*).
Reconnaissez la voix d'Ignace :
Pleurez et convertissez-vous.

Les arts vous tiennent sous le charme ;
Phébus pour vous prend son archet.
Mais leur gloire aussi nous alarme,
Demandez à l'ami Franchet.
Aigles et cygnes, quoi qu'on fasse,
Sont toujours de méchans ragoûts.
Gloux! gloux! gloux! gloux! (*bis*).
Reconnaissez la voix d'Ignace :
Pleurez et convertissez-vous.

Cessez de vanter l'industrie,
Dont votre époux soutient l'honneur.

Vous croyez qu'il sert la patrie,
Que du travail naît le bonheur;
Mais au peuple on rend la besace,
Pour qu'il dépende encor de nous.
Gloux! gloux! gloux! gloux! (*bis*).
Reconnaissez la voix d'Ignace :
Pleurez et convertissez-vous.

Vous êtes surtout bienfaisante;
Le pauvre au pauvre le redit.
Mais la bonté reste impuissante,
Lorsqu'on est chez nous sans crédit.
Voici les parts qu'il faut qu'on fasse :
A nous l'or; aux pauvres les sous.
Gloux! gloux! gloux! gloux! (*bis*).
Reconnaissez la voix d'Ignace :
Pleurez et convertissez-vous.

Grâce à tous les gens de ma robe,
Qui sont martyrs en ces bas lieux,
Souffrez qu'à l'enfer je dérobe,
Votre âme si digne des cieux.

Avant peu, si Dieu nous fait grâce,
On rôtira d'autres que nous.
Gloux! gloux! gloux, gloux! (*bis*).
Reconnaissez la voix d'Ignace :
Pleurez et convertissez-vous.

Oui, Marie, en vain l'on se moque
Du pauvre père de la foi.
Vos beaux-esprits que je provoque,
A table plairaient moins que moi.
Qu'à la vôtre on me donne place,
J'embellirai ce jour si doux.
Gloux! gloux! gloux! gloux! (*bis*)
De truffes parfumez Ignace :
Riez et divertissez-vous.

COUPLETS

SUR LA JOURNÉE DE WATERLOO.

AIR : Muse des bois et des accords champêtres,
ou T'en souviens-tu, etc. ?

De vieux soldats m'ont dit : « Grâce à ta muse,
» Le peuple enfin a des chants pour sa voix.
» Ris du laurier qu'un parti te refuse ;
» Consacre encor des vers à nos exploits.
» Chante ce jour qu'invoquaient des perfides,
» Ce dernier jour de gloire et de revers. »
— J'ai répondu, baissant des yeux humides :
Son nom jamais n'attristera mes vers.

Qui, dans Athène, au nom de Chéronée,
Mêla jamais des sons harmonieux ?
Par la fortune Athène détrônée
Maudit Philippe et douta de ses dieux.

Un jour pareil voit tomber notre empire,
Voit l'étranger nous rapporter des fers,
Voit des Français lâchement leur sourire.
Son nom jamais n'attristera mes vers.

Périsse enfin le géant des batailles !
Disaient les rois : Peuples, accourez tous.
La liberté sonne ses funérailles ;
Par vous sauvés, nous règnerons par vous.
Le géant tombe, et ces nains sans mémoire
A l'esclavage ont voué l'univers.
Des deux côtés ce jour trompa la gloire.
Son nom jamais n'attristera mes vers.

Mais, quoi ! déjà, les hommes d'un autre âge
De ma douleur se demandent l'objet.
Que leur importe, en effet, ce naufrage ?
Sur le torrent leur berceau surnageait.
Qu'ils soient heureux ! leur astre qui se lève
Du jour funeste efface les revers.
Mais dût ce jour n'être plus qu'un vain rêve
Son nom jamais n'attristera mes vers.

COUPLET

ÉCRIT SUR L'ALBUM DE MADAME AMÉDÉE DE V...

AIR :

Que bien long-temps cet album vous redise
Qu'un chansonnier tendre, mais déjà vieux,
Trouvant en vous bonté, grâce, franchise,
Fut un moment la dupe de vos yeux.
Quoi! par amour? Non : il n'y doit plus croire;
Mais, las! il prit, par vous trop bien flatté,
  Pour un sourire de la gloire
  Le sourire de la beauté.

ORAISON FUNÈBRE

DE TURLUPIN.

AIR : C'est à boire, à boire, à boire,
C'est à boire qu'il nous faut.

IL meurt et la joie expire!
Il meurt, lui, qui si souvent
Nous a fait mourir de rire
A son théâtre en plein vent!
Il nous charmait à toute heure,
Ah!
Soit en Gilles, soit en Scapin.
Que l'on pleure, pleure, pleure,
Au convoi de Turlupin.

Sans daigner le reconnaître,
Notre siècle si profond
A vu Socrate renaître
Sous l'habit de ce bouffon.

Pour que son nom lui survive,
Ah !
Prends, Clio, prends ton calepin.
Qu'on écrive, écrive, écrive
L'histoire de Turlupin.

Culot d'une sainte abesse
Et d'un prélat respecté,
Turlupin de sa noblesse
Ne tirait point vanité.
Il ne pouvait voir sans rire,
Ah !
Ses aïeux cités dans Turpin.
Qu'on admire, admire, admire
Le bon sens de Turlupin.

D'abord il prit la Bastille,
Fut soldat, et puis blessé,
Vint jouer à la Courtille,
Par la misère engraissé.

La gaîté fut sa recette,
Ah !
Sa poudre de prelinpinpin.
Qu'on achète, achète, achète
Le secret de Turlupin.

Doux censeur des grandeurs fausses,
Aux pauvres, ses bons amis,
En rafistolant ses chausses,
Il disait, pauvre et mal mis :
Au vrai bonheur puisqu'il mène,
Ah !
Le sabot vaut bien l'escarpin.
Que l'on prenne, prenne, prenne
Des leçons de Turlupin.

— Du roi viens voir la personne.
— Non, répondait-il, non pas.
Otera-t-il sa couronne,
Quand je mettrai chapeau bas ?

Ma foi, s'il faut crier vive,
Ah!
Vive l'ami qui cuit mon pain!
Que l'on suive, suive, suive
L'exemple de Turlupin.

— Chante au peuple des dimanches
Les vainqueurs pour dix écus.
— Moi, déshonorer mes planches!
Non, dit-il, gloire aux vaincus!
— En prison suis-nous donc vite.
— Ah!
Je vous suis, monsieur de Crispin.
Qu'on imite, imite, imite
Ce beau trait de Turlupin.

Veux-tu qu'Ignace t'assiste?
— Non, fi de ces noirs manteaux!
Entre eux et nous il existe
Rivalité de tréteaux.

Ton dieu, Marie Alacoque,
Ah!
N'est pas plus mon dieu que Jupin.
Qu'on invoque, invoque, invoque
Le dieu du bon Turlupin.

Messieurs, honorons la cendre
De qui n'eut qu'un seul défaut.
Sa mère était chaude et tendre,
Turlupin fut tendre et chaud.
Il eût de la pomme d'Ève,
Ah!
Croqué jusqu'au dernier pepin.
Qu'on élève, élève, élève
Une tombe à Turlupin.

A Mlle. *****,

EN LUI ENVOYANT MES DERNIÈRES CHANSONS.

Accueillez-les, ces chansons où ma muse
Vous peint l'amour tout prêt à m'échapper,
Vante la gloire, ombre qui nous abuse,
Qu'un jour produit, qu'un jour peut dissiper.
L'un est pour vous un Dieu sans importance,
L'autre séduit votre esprit hasardeux.
Quant à l'amour, moi je soutiens, Hortense,
Qu'il est encor le moins trompeur des deux.

LES DEUX GRENADIERS.

(Avril 1814.)

AIR : Guide mes pas, ô Providence. (Des Deux Journées.)

PREMIER GRENADIER.

A NOTRE poste on nous oublie.
Richard, minuit sonne au château.

DEUXIÈME GRENADIER.

Nous allons revoir l'Italie.
Demain, adieu, Fontainebleau.

PREMIER GRENADIER.

Par le ciel, que j'en remercie,
L'île d'Elbe est un beau climat.

DEUXIÈME GRENADIER.

Fût-elle au fond de la Russie,
Vieux grenadiers, suivons un vieux soldat.

ENSEMBLE.

Vieux grenadiers, suivons un vieux soldat.
Suivons un vieux soldat. (*bis.*)

DEUXIÈME GRENADIER.

Qu'elles sont promptes les défaites !
Où sont Moscou, Wilna, Berlin ?
Je crois voir sur nos baïonnettes
Luire encor les feux du Kremlin ;
Et, livré par quelques perfides,
Paris coûte à peine un combat !
Nos gibernes n'étaient pas vides.
Vieux grenadiers, suivons un vieux soldat.

PREMIER GRENADIER.

Chacun nous répète : Il abdique.
Quel est ce mot ? Apprends-le-moi.
Rétablit-on la république ?

DEUXIÈME GRENADIER.

Non, puisqu'on nous ramène un roi.

L'empereur aurait cent couronnes,
Je concevrais qu'il les cédât :
Sa main en faisait des aumônes.
Vieux grenadiers, suivons un vieux soldat.

PREMIER GRENADIER.

Une lumière, à ces fenêtres,
Brille à peine dans le château.

DEUXIÈME GRENADIER.

Les valets à nobles ancêtres
Ont fui, le nez dans leur manteau.
Tous, dégalonnant leurs costumes,
Vont au nouveau chef de l'état
De l'aigle mort vendre les plumes.
Vieux grenadiers, suivons un vieux soldat.

PREMIER GRENADIER.

Des maréchaux, nos camarades,
Désertent aussi gorgés d'or.

DEUXIÈME GRENADIER.

Notre sang paya tous leurs grades;
Heureux qu'il nous en reste encor!

Quoi ! la gloire fut en personne
Leur marraine un jour de combat,
Et le parrain, on l'abandonne !
Vieux grenadiers, suivons un vieux soldat.

PREMIER GRENADIER.

Après vingt-cinq ans de services,
J'allais demander du repos.

DEUXIÈME GRENADIER.

Moi, tout couvert de cicatrices,
Je voulais quitter les drapeaux ;
Mais quand la liqueur est tarie,
Briser le vase est d'un ingrat.
Adieu, femme, enfans et patrie !
Vieux grenadiers, suivons un vieux soldat.

LE PÈLERINAGE DE LISETTE.

Air : Bababalancez-vous donc, etc.

A Notre-Dame de Liesse
Allons, me dit Lisette un jour.
J'ai peu de foi, je le confesse;
Mais Lise, malgré plus d'un tour,
Ferait tout croire à mon amour.
Ami, notre joyeux ménage
Scandalise le voisinage.
Prenons, dit-elle, prenons donc,
Pour aller en pèlerinage,
Prenons, dit-elle, prenons donc
Coquilles, rosaire et bourdon.

Dame Sorbonne, ajoute Lise,
Remonte sur ses grands chevaux.

Nos ducs vont bâiller à l'église,
Et nos philosophes nouveaux
Se sont faits tant soit peu dévots.
Chaque siècle a son amusette :
Nous édifirons la Gazette.
Prenons, mon ami, prenons donc,
Pour qu'on dise sainte Lisette,
Prenons, mon ami, prenons donc
Coquilles, rosaire et bourdon.

Voilà les pèlerins en route.
A pied, nous chantons en marchant.
A chaque auberge, quoi qu'il coûte,
Nouveau repas et nouveau chant;
Partout trinquant, partout couchant.
Le dieu qui d'Aï nous asperge,
Sourit sous des rideaux de serge.
Ma Lisette, prenions-nous donc,
Pour mener l'amour à l'auberge,
Ma Lisette, prenions-nous donc
Coquilles, rosaire et bourdon?

Aux pieds de la Vierge des vierges,
A genoux enfin nous voilà.
Vient un diacre allumer nos cierges;
Lise se dit : à Loyola,
Je veux souffler cet abbé-là.
Je me fâche, et de ses poursuites
Lui montre, hélas ! les tristes suites.
Quoi ! volage, preniez-vous donc,
Pour vous mettre à dos les jésuites,
Quoi! volage, preniez-vous donc
Coquilles, rosaire et bourdon?

Mais à souper Lise l'attire,
Le fait boire, jurer, chanter.
De l'enfer il se prend à rire;
Du pape il ose plaisanter.
Moi, je m'endors à l'écouter.
A mon réveil, Dieu ! le peindrai-je,
Abjurant ses goûts de collége !..
Ah ! traîtresse, vous preniez donc,
Pour les plaisirs du sacrilége,

Ah ! traîtresse, vous preniez donc
Coquilles, rosaire et bourdon !

Des beaux miracles de Liesse
Je garde un triste souvenir.
Notre abbé dit messe sur messe,
Et, Dieu l'aidant à parvenir,
Archevêque il veut nous bénir.
Sainte Lisette, par famine,
Quelque jour se fera béguine.
Prenez, grisettes, prenez donc
Des leçons de la pèlerine ;
Prenez, grisettes, prenez donc
Coquilles, rosaire et bourdon.

LES INFINIMENT PETITS,

OU LA GÉRONTOCRATIE.

Air : Ainsi jadis un grand prophète.

J'ai foi dans la sorcellerie.
Or, un grand sorcier, l'autre soir,
Me fit voir de notre patrie
Tout l'avenir dans un miroir,
Quelle image désespérante !
Je vois Paris et ses faubourgs ;
Nous sommes en dix-neuf cent trente,
Et les barbons règnent toujours.

Un peuple de nains nous remplace.
Nos petits-fils sont si petits,
Qu'avec peine, dans cette glace,
Sous leurs toits je les vois blottis.
La France est l'ombre du fantôme
De la France de mes beaux jours.

Ce n'est qu'un tout petit royaume ;
Mais les barbons règnent toujours.

Combien d'imperceptibles êtres !
De petits jésuites bilieux !
De milliers d'autres petits prêtres
Qui portent de petits bons dieux !
Béni par eux, tout dégénère ;
Par eux la plus vieille des cours
N'est plus qu'un petit séminaire,
Mais les barbons règnent toujours.

Tout est petit, palais, usines,
Sciences, commerce, beaux-arts.
De bonnes petites famines
Désolent de petits remparts.
Sur la frontière mal fermée,
Marche, au bruit de petits tambours,
Une pauvre petite armée ;
Mais les barbons règnent toujours.

Enfin le miroir prophétique,
Complétant ce triste avenir,

Me montre un géant hérétique,
Qu'un monde a peine à contenir.
Du peuple pygmée il s'approche,
Et, bravant de petits discours,
Met le royaume dans sa poche;
Mais les barbons règnent toujours.

ENCORE DES AMOURS.

Air :

Je me disais : Tous les dieux du bel âge
M'ont délaissé ; me voilà seul et vieux.
Adieu l'espoir que leur troupe volage
M'avait donné, de me fermer les yeux !
Je le disais lorsqu'une enchanteresse
Vient et d'un mot ravit mes sens troublés.
Ah ! c'est encor quelque beauté traîtresse :
Tous les amours ne sont pas envolés.

Oui c'est encor quelque sujet de peine,
Mais du repos je suis si fatigué !
Lorsqu'à trente ans je pliais sous ma chaîne,
Plus malheureux pourtant j'étais plus gai.
Le ciel m'envoie une reine nouvelle ;
Combien d'attraits les siens m'ont rappelés !
Roses d'automne, effeuillez-vous pour elle :
Tous les amours ne sont pas envolés.

Mes yeux encore ont des pleurs à répandre ;
Ma voix encore a des chants amoureux.
Aimons, chantons. La beauté vient m'apprendre
A triompher des hivers rigoureux.
Tout me sourit : les fleurs brillent plus belles,
Les jours plus purs, les cieux plus étoilés.
Dans l'air plus doux j'entends battre des ailes:
Tous les amours ne sont pas envolés.

LA MORT DU DIABLE.

Air : Du Vilain, *ou* de Ninon chez madame de Sévigné.

Du miracle que je retrace
Dans ce récit des plus succints,
Rendez gloire au grand saint Ignace,
Patron de tous nos petits saints.
Par un tour, qui serait infâme,
Si les saints pouvaient avoir tort,
Au diable il a fait rendre l'âme (*bis*).
Le diable est mort, le diable est mort (*ter*).

Satan, l'ayant surpris à table,
Lui dit : Trinquons, ou sois honni.
L'autre accepte, mais verse au diable
Dans son vin un poison béni.

Satan boit, et, pris de colique,
Il jure, il grimace, il se tord;
Il crève comme un hérétique.
Le diable est mort, le diable est mort (*ter*).

Il est mort! disent tous les moines,
On n'achètera plus d'agnus.
Il est mort! disent les chanoines,
On ne paiera plus d'oremus.
Au conclave on se désespère,
Adieu, puissance et coffre-fort!
Nous avons perdu notre père.
Le diable est mort, le diable est mort (*ter*).

L'amour sert bien moins que la crainte;
Elle nous comblait de ses dons.
L'intolérance est presque éteinte;
Qui rallumera ses brandons?
A notre joug si l'homme échappe,
La vérité luira d'abord:
Dieu sera plus grand que le pape.
Le diable est mort, le diable est mort (*ter*).

Ignace accourt : Que l'on me donne,
Leur dit-il, sa place et ses droits.
Il n'épouvantait plus personne ;
Je ferai trembler jusqu'aux rois.
Vols, massacres, guerres ou pestes,
M'enrichiront du sud au nord.
Dieu ne vivra que de mes restes.
Le diable est mort, le diable est mort (*ter*).

Tous de s'écrier : Ah ! brave homme !
Nous te bénissons dans ton fiel.
Soudain son ordre, appui de Rome,
Voit sa robe effrayer le ciel.
Un chœur d'anges, l'âme contrite,
Dit : des humains plaignons le sort :
De l'enfer saint Ignace hérite.
Le diable est mort, le diable est mort (*ter*).

LE PRISONNIER DE GUERRE.

Air : Chante, chante, troubadour, chante. (Romagnési.)

Marie, enfin quitte l'ouvrage,
Voici l'étoile du berger.
— Ma mère, un enfant du village
Languit captif chez l'étranger.
Pris sur mer, loin de sa patrie,
Il s'est rendu, mais le dernier.
File, file, pauvre Marie,
Pour secourir le prisonnier;
File, file, pauvre Marie,
File, file, pour le prisonnier.

Tu le veux, ma lampe s'allume.
Eh quoi! ma fille, encor des pleurs?
— D'ennui, ma mère, il se consume,
L'Anglais insulte à ses malheurs.

Tout jeune, Adrien m'a chérie ;
Il égayait notre foyer.
File, file, pauvre Marie,
Pour secourir le prisonnier ;
File, file, pauvre Marie,
File, file, pour le prisonnier.

Pour lui je filerais moi-même ;
Mon enfant, mais j'ai tant vieilli !
— Envoyez à celui que j'aime
Tout le gain par moi recueilli.
Rose à sa noce en vain me prie :
Dieu ! j'entends le ménétrier !
File, file, pauvre Marie,
Pour secourir le prisonnier ;
File, file, pauvre Marie,
File, file, pour le prisonnier.

Plus près du feu, file, ma chère,
La nuit vient refroidir le temps.
— Adrien, m'a-t-on dit, ma mère,
Gémit dans des cachots flottans.

On repousse la main flétrie
Qu'il étend vers un pain grossier.
File, file, pauvre Marie,
Pour secourir le prisonnier ;
File, file, pauvre Marie,
File, file, pour le prisonnier.

Ma fille, j'ai naguère encore
Rêvé qu'il était ton époux.
Même avant la trentième aurore,
Mes rêves s'accomplissent tous.
— Quoi ! l'herbe à peine refleurie
Verra le retour du guerrier !
File, file, pauvre Marie,
Pour secourir le prisonnier ;
File, file, pauvre Marie,
File, file, pour le prisonnier.

LE DAUPHIN.

CONTE.

AIR : Du Carnaval.

Du bon vieux temps souffrez que je vous parle.
Jadis Richard, troubadour renommé,
Eut pour roi Jean, Louis, Philippe, ou Charle,
Ne sais lequel, mais il en fut aimé.
D'un gros dauphin on fêtait la naissance;
Richard à Blois était depuis un jour.
Il apprit là le bonheur de la France.
Pour votre roi, chantez, gai troubadour !
Chantez, chantez, jeune et gai troubadour !

La harpe en main Richard vient sur la place.
Chacun lui dit : chantez notre garçon.
Dévotement à la Vierge il rend grâce,
Puis au dauphin consacre une chanson.

On l'applaudit ; l'auteur était en veine.
Mainte beauté le trouve fait au tour,
Disant tout bas : Il doit plaire à la reine.
Pour votre roi, chantez, gai troubadour !
Chantez, chantez, jeune et gai troubadour !

Le chant fini, Richard court à l'église.
Qu'y va-t-il faire ? il cherche un confesseur.
Il en trouve un, gros moine à barbe grise,
Des mœurs du temps inflexible censeur.
Ah ! sauvez-moi des flammes éternelles !
Mon père, hélas ! c'est un vilain séjour.
—Qu'avez-vous fait ?—J'ai trop aimé les belles.
Pour votre roi, chantez, gai troubadour !
Chantez, chantez, jeune et gai troubadour !

Le grand malheur, mon père, c'est qu'on m'aime.
— Parlez, mon fils ; expliquez-vous enfin.
— J'ai fait, hélas ! narguant le diadème,
Un gros péché, car j'ai fait un dauphin.
D'abord le moine a la mine ébahie ;

Mais il reprend : Vous êtes bien en cour ?
Pourvoyez-nous d'une riche abbaye.
Pour votre roi, chantez, gai troubadour !
Chantez, chantez, jeune et gai troubadour !

Le moine ajoute : Eût-on fait à la reine
Un prince ou deux, on peut être sauvé.
Parlez de nous à notre souveraine ;
Allez, mon fils, vous direz cinq *Ave*.
Richard absous, gagnant la capitale,
Au nouveau-né voit prodiguer l'amour.
Vive à jamais notre race royale !
Pour votre roi, chantez, gai troubadour !
Chantez, chantez, jeune et gai troubadour !

LE PETIT HOMME ROUGE.

Une ancienne tradition populaire supposait l'existence d'un homme rouge, qui apparaissait dans les Tuileries lors de quelque événement malheureux pour ceux qui habitaient ce château. Cette tradition reprit cours sous Napoléon.

Air : C'est le gros Thomas,
ou Madame Grégoire.

Foin des mécontens !
Comme balayeuse on me loge,
Depuis quarante ans,
Dans le château, près de l'horloge.
Or, mes enfans, sachez
Que là, pour mes péchés,
Du coin, d'où le soir je ne bouge,
J'ai vu le petit homme rouge.
Saints du paradis,
Priez pour Charles dix.

Vous figurez-vous
Ce diable habillé d'écarlate ?
Bossu, louche et roux,
Un serpent lui sert de cravate.
Il a le nez crochu ;
Il a le pied fourchu ;
Sa voix rauque en chantant présage
Au château grand remuménage.
Saints du paradis,
Priez pour Charles dix.

(10 août) Je le vis, hélas !
En quatre-vingt-douze apparaître.
Nobles et prélats
Abandonnaient notre bon maître.
L'homme rouge venait
En sabots, en bonnet.
M'endormais-je un peu sur ma chaise,
Il entonnait la *Marseillaise*.
Saints du paradis,
Priez pour Charles dix.

(9 thermidor.) J'eus à balayer ;
Mais lui bientôt par la goutière
Revint m'effrayer
Pour ce bon monsieur Robespierre.
Lors il était poudré [1],
Parlait mieux qu'un curé,
Ou, comme riant de lui-même,
Chantait l'hymne à l'*Être-Suprême.*
Saints du paradis,
Priez pour Charles dix.

(Mars 1814.) Depuis la terreur
Plus n'y pensais, lorsque sa vue
Du bon empereur
M'annonça la chute imprévue.
En toque il avait mis
Vingt plumets ennemis,
Et chantait au son d'une vielle
Vive Henri quatre et *Gabrielle !*

---

[1] Robespierre portait de la poudre

Saints du paradis,
Priez pour Charles dix.

Soyez donc instruits,
Enfans, mais qu'ailleurs on l'ignore,
Que depuis trois nuits
L'homme rouge apparaît encore.
Riant d'un air moqueur,
Il chante comme au chœur,
Baise la terre, et puis ensuite
Met un grand chapeau de jésuite.
Saints du paradis,
Priez pour Charles dix.

LES BOHEMIENS.

AIR : Mon père m'a donné un mari, mon Dieu, quel homme !

SORCIERS, bateleurs ou filous,
Reste immonde
D'un ancien monde,
Sorciers, bateleurs ou filous,
Gais Bohémiens, d'où venez-vous ?

D'où nous venons ? l'on n'en sait rien.
L'hirondelle
D'où vous vient-elle ?
D'où nous venons ? l'on n'en sait rien.
Où nous irons, le sait-on bien ?

Sans pays, sans prince et sans lois,
Notre vie
Doit faire envie.

Sans pays, sans prince et sans lois,
L'homme est heureux un jour sur trois.

Tous indépendans nous naissons,
Sans église
Qui nous baptise.
Tous indépendans nous naissons,
Au bruit du fifre et des chansons.

Nos premiers pas sont dégagés,
Dans ce monde
Où l'erreur abonde,
Nos premiers pas sont dégagés
Du vieux maillot des préjugés.

Au peuple, en butte à nos larcins,
Tout grimoire
En peut faire accroire.
Au peuple, en butte à nos larcins,
Il faut des sorciers et des saints.

Trouvons-nous Plutus en chemin,
Notre bande
Gaîment demande.
Trouvons-nous Plutus en chemin,
En chantant nous tendons la main.

Pauvres oiseaux que Dieu bénit,
De la ville
Qu'on nous exile;
Pauvres oiseaux que Dieu bénit,
Au fond des bois pend notre nid.

A tâtons l'amour, chaque nuit,
Nous attèle
Tous pêle-mêle;
A tâtons l'amour, chaque nuit,
Nous attèle au char qu'il conduit.

Ton œil ne peut se détacher,
Philosophe
De mince étoffe,
Ton œil ne peut se détacher
Du vieux coq de ton vieux clocher

Voir c'est avoir. Allons courir!
Vie errante
Est chose enivrante.
Voir c'est avoir. Allons courir;
Car tout voir, c'est tout conquérir.

Mais à l'homme on crie en tout lieu,
Qu'il s'agite,
Ou croupisse au gîte,
Mais à l'homme on crie en tout lieu:
« Tu nais, bonjour; tu meurs, adieu.

Quand nous mourons, vieux ou bambin,
Homme ou femme,
A Dieu soit notre âme!
Quand nous mourons, vieux ou bambin,
On vend le corps au carabin.

Nous n'avons donc, exempts d'orgueil,
De lois vaines,
De lourdes chaînes;
Nous n'avons donc, exempts d'orgueil,
Ni berceau, ni toit, ni cercueil.

Mais croyez-en notre gaîté,
Noble ou prêtre,
Valet ou maître;
Mais croyez-en notre gaîté:
Le bonheur, c'est la liberté.

Oui, croyez-en notre gaîté,
Noble ou prêtre,
Valet ou maître,
Oui, croyez-en notre gaîté:
Le bonheur, c'est la liberté.

LES SOUVENIRS DU PEUPLE.

Air : Passez votre chemin, beau Sire.

On parlera de sa gloire
Sous le chaume bien long-temps.
L'humble toit, dans cinquante ans,
Ne connaîtra plus d'autre histoire.
Là, viendront les villageois
Dire alors à quelque vieille :
Par des récits d'autrefois,
Mère, abrégez notre veille.
Bien, dit-on, qu'il nous ait nui,
Le peuple encor le révère,
Oui, le révère.
Parlez-nous de lui, grand'mère;
Parlez-nous de lui. (*bis.*)

Mes enfans, dans ce village,
Suivi de rois il passa.
Voilà bien long-temps de ça :
Je venais d'entrer en ménage.
A pied grimpant le coteau
Où pour voir je m'étais mise,
Il avait petit chapeau
Avec redingote grise.
Près de lui je me troublai,
Il me dit : bonjour, ma chère
Bonjour, ma chère.
— Il vous a parlé, grand'mère!
Il vous a parlé! (*bis.*)

L'an d'après, moi, pauvre femme,
A Paris étant un jour,
Je le vis avec sa cour :
Il se rendait à Notre-Dame.
Tous les cœurs étaient contens ;
On admirait son cortége.
Chacun disait : Quel beau temps!
Le ciel toujours le protége.

Son sourire était bien doux :
D'un fils Dieu le rendait père,
Le rendait père.
— Quel beau jour pour vous, grand'mère !
Quel beau jour pour vous ! (*bis*.)

Mais quand la pauvre Champagne
Fut en proie aux étrangers,
Lui, bravant tous les dangers,
Semblait seul tenir la campagne.
Un soir, tout comme aujourd'hui,
J'entends frapper à la porte ;
J'ouvre, bon Dieu ! c'était lui,
Suivi d'une faible escorte.
Il s'asseoit où me voilà,
S'écriant : Oh ! quelle guerre !
Oh ! quelle guerre !
— Il s'est assis là, grand'mère !
Il s'est assis là ! (*bis*.)

J'ai faim, dit-il, et bien vite
Je sers piquette et pain bis.

Puis il sèche ses habits ;
Même à dormir le feu l'invite.
Au réveil, voyant mes pleurs,
Il me dit : Bonne espérance !
Je cours de tous ses malheurs
Sous Paris venger la France.
Il part ; et comme un trésor
J'ai depuis gardé son verre,
Gardé son verre.
— Vous l'avez encor, grand'mère !
Vous l'avez encor ! (*bis.*)

Le voici. Mais à sa perte
Le héros fut entraîné.
Lui, qu'un pape a couronné,
Est mort dans une île déserte.
Long-temps aucun ne l'a cru ;
On disait : il va paraître.
Par mer il est accouru ;
L'étranger va voir son maître.
Quand d'erreur on nous tira,

Ma douleur fut bien amère,
Fut bien amère.
— Dieu vous bénira, grand'mère;
Dieu vous bénira.

LES NÈGRES ET LES MARIONNETTES.

FABLE.

Air : Pégase est un cheval qui porte.

Sur son navire, un capitaine
Transportait des noirs au marché.
L'ennui les tuait par vingtaine :
Peste ! dit-il, quel débouché !
Fi ! que c'est laid, sots que vous êtes !
Mais j'ai de quoi vous guérir tous.
Venez voir mes marionnettes ;
Bons esclaves, amusez-vous.

Pour calmer leur douleur mortelle,
Soudain un théâtre est monté ;
Soudain paraît Polichinelle,
Pour des noirs grande nouveauté.

D'abord ils ne savent qu'en dire,
Ils se regardent en dessous ;
Puis aux pleurs se mêle un sourire :
Bons esclaves, amusez-vous.

Voilà monsieur le commissaire ;
Il s'attaque au roi des bossus,
Qui, trouvant un exemple à faire,
Vous l'assomme et *souffle* dessus.
Oubliant tout jusqu'à leurs chaînes,
Nos gens poussent des rires fous ;
L'homme est infidèle à ses peines ;
Bons esclaves, amusez-vous.

Le diable vient ; l'ange rebelle
Leur plaît, surtout par sa couleur.
Il emporte Polichinelle ;
Autre accroc fait à la douleur.
Cette fin charme l'auditoire :
Un noir a triomphé pour tous.
Ces pauvres gens rêvent la gloire.
Bons esclaves, amusez-vous.

Ainsi, voguant vers l'Amérique,
Où s'aggraveront leurs destins,
De leur humeur mélancolique,
Ils sont tirés par des pantins.
Tout roi que la peur désenivre
Nous prodigue aussi les joujoux.
N'allez pas vous lasser de vivre ;
Bons esclaves, amusez-vous.

LA MOUCHE.

Air : Je loge au quatrième étage.

Au bruit de notre gaîté folle ,
Au bruit des verres , des chansons ,
Quelle mouche murmure et vole ,
Et revient quand nous la chassons ? (*bis.*)
C'est quelque dieu , je le soupçonne ,
Qu'un peu de bonheur rend jaloux.
Ne souffrons point qu'elle bourdonne ,
Qu'elle bourdonne autour de nous.

Transformée en mouche hideuse ,
Amis , oui , c'est , j'en suis certain ,
La Raison , déité grondeuse ,
Qu'irrite un si joyeux festin. (*bis.*)
L'orage approche , le ciel tonne ,
Voilà ce que dit son courroux :

Ne souffrons point qu'elle bourdonne,
Qu'elle bourdonne autour de nous.

C'est la Raison qui vient me dire :
« A ton âge on vit en reclus.
» Ne bois plus tant, cesse de rire ;
» Cesse d'aimer, ne chante plus. » (*bis.*)
Ainsi, son beffroi toujours sonne
Aux lueurs des feux les plus doux.
Ne souffrons point qu'elle bourdonne,
Qu'elle bourdonne autour de nous.

C'est la Raison : gare à Lisette !
Son dard la menace toujours.
Dieu ! il perce la collerette ;
Le sang coule ! accourez, amours ! (*bis.*)
Amours, poursuivez la félonne ;
Qu'elle expire enfin sous vos coups.
Ne souffrons point qu'elle bourdonne,
Qu'elle bourdonne autour de nous.

Victoire ! amis, elle se noie
Dans l'Aï que Lise a versé.

Victoire ! et qu'aux mains de la joie
Le sceptre enfin soit replacé. (*bis.*)
Un souffle ébranle sa couronne ;
Une mouche nous troublait tous.
Ne craignons plus qu'elle bourdonne,
Qu'elle bourdonne autour de nous.

LES LUTINS DE MONTLHÉRY.

AIR : Ce soir-là sous son ombrage.

A PIED, la nuit, en voyage,
Je m'étais mis à l'abri,
Contre le vent et l'orage,
Dans la tour de Montlhéry.
Je chantais, lorsqu'un long rire
D'épouvante m'a glacé.
 Puis tout haut j'entends dire :
 Notre règne est passé.

Des follets brillent dans l'ombre,
Et la voix que j'entendais
Se mêle aux cris d'un grand nombre
De lutins, de farfadets.
Au bruit d'une aigre trompette,
Le sabbat a commencé.

Plus haut la voix répète :
Notre règne est passé.

« Oui, dit la voix, plus de fêtes!
» Esprits, vite, délogeons.
» La raison, par ses conquêtes,
» Nous bannit des vieux donjons.
» Le monde a changé d'oracles ;
» Nos prestiges ont cessé.
» L'homme fait les miracles,
» Notre règne est passé.

» Nous donnâmes à la Grèce
» Ces dieux créés pour les sens,
» Dont l'éternelle jeunesse
» Vivait de fleurs et d'encens.
» Dans la Gaule, encor sauvage,
» Pour nous le sang fut versé.
» Hélas ! même au village,
» Notre règne est passé.

» On nous vit, sous vos trophées,
» Paladins et troubadours,

» Enchaîner aux pieds des fées
» Les rois, les saints, les amours.
» La magie à notre empire
» Soumit le ciel courroucé.
» Des sorciers j'entends rire;
» Notre règne est passé.

» La Raison nous exorcise;
» Esprits, fuyons sans retour. »
La voix se tait..... O surprise!
J'ai cru voir crouler la tour.
De leur retraite chérie,
Tous ont fui d'un vol pressé.
Au loin la voix s'écrie:
Notre règne est passé.

LA COMÈTE DE 1832.

AIR : A soixante ans il ne faut pas remettre.

DIEU contre nous envoie une comète ;
A ce grand choc nous n'échapperons pas.
Je sens déjà crouler notre planète,
L'observatoire y perdra ses compas. (*bis.*)
Avec la table, adieu tous les convives !
Pour peu de gens le banquet fut joyeux. (*bis.*)
Vite à confesse allez, âmes craintives ;
Finissons-en, le monde est assez vieux.
Le monde est assez vieux. (*bis.*)

Oui, pauvre globe, égaré dans l'espace,
Embrouille enfin tes nuits avec tes jours ;
Et cerf-volant, dont la ficelle casse,
Tourne en tombant, tourne et tombe toujours.
Va, franchissant des routes qu'on ignore,
Contre un soleil te briser dans les cieux.

Tu l'éteindrais, que de soleils encore !
Finissons-en, le monde est assez vieux.

N'est-on pas las d'ambitions vulgaires ?
De sots parés, de pompeux sobriquets ?
D'abus, d'erreurs, de rapines, de guerres ?
De laquais rois, de peuples de laquais ?
N'est-on pas las de tous nos dieux de plâtre ?
Vers l'avenir, las de tourner les yeux ?
Ah ! c'en est trop pour si petit théâtre :
Finissons-en, le monde est assez vieux.

Les jeunes gens me disent : Tout chemine ;
A petit bruit chacun lime ses fers.
La presse éclaire et le gaz illumine,
Et la vapeur vole aplanir les mers.
Vingt ans au plus, bon homme, attends encore,
L'œuf éclora sous un rayon des cieux.
Trente ans, amis, j'ai cru le voir éclore ;
Finissons-en, le monde est assez vieux.

Bien autrement je parlais, quand la vie
Gonflait mon cœur et de joie et d'amour.

Terre, disais-je, ah ! jamais ne dévie
Du cercle heureux où Dieu sema le jour.
Mais je vieillis, la beauté me rejette ;
Ma voix s'éteint, plus de concerts joyeux.
Arrive donc, implacable comète ;
Finissons-en, le monde est assez vieux.

LE TOMBEAU DE MANUEL.

Air : Te souviens-tu ?

Tout est fini ; la foule se disperse ;
A son cercueil un peuple a dit adieu,
Et l'amitié des larmes qu'elle verse
Ne fera plus confidence qu'à Dieu.
J'entends sur lui la terre qui retombe.
Hélas ! Français, vous l'allez oublier.
A vos enfans, pour indiquer sa tombe,
Prêtez secours au pauvre chansonnier.

Je quête ici pour honorer les restes
D'un citoyen, votre plus ferme appui.
J'eus le secret de ses vertus modestes :
Bras, tête et cœur, tout était peuple en lui.
L'humble tombeau qui sied à sa dépouille
Est par nous tous un tribut à payer.

Près de sa fosse un ami s'agenouille :
Prêtez secours au pauvre chansonnier.
Mon cœur lui doit ces soins pieux et tendres.
Voilà douze ans, qu'en des jours désastreux,
Sur les débris de la patrie en cendres,
Nous nous étions rencontrés tous les deux.
Moi, je chantais ; lui, vétéran d'Arcole,
Sourit au luth vengeur d'un vieux laurier.
Grâce à vos dons qu'un tombeau me console :
Prêtez secours au pauvre chansonnier.

L'ambition n'effleurait point sa vie ;
Mais, même aux champs, rêvant un beau trépas,
Il écoutait si la France asservie,
En appelant, ne se réveillait pas.
Contre la mort j'aurais eu son courage,
Quand sur son bras je pouvais m'appuyer.
Ma voix pour lui demande un peu d'ombrage.
Prêtez secours au pauvre chansonnier.

Contre un pouvoir qui de nous se sépare,

Son éloquence a toujours combattu.
Ce n'était point la foudre qui s'égare ;
C'était un glaive aux mains de la vertu.
De la tribune on l'arrache; il en tombe
Entre les bras d'un peuple tout entier.
La haine est là; défendons bien sa tombe :
Prêtez secours au pauvre chansonnier.

Tu l'oublias, peuple encor trop volage,
Sitôt qu'à l'ombre il goûta le repos.
Mais, noble esquif mis à sec sur la plage,
Il dut compter sur le retour des flots.
La seule mort troubla la solitude,
Où mes chansons accouraient l'égayer.
Pour effacer quatre ans d'ingratitude,
Prêtez secours au pauvre chansonnier.

Oui, qu'un tombeau témoigne de nos larmes.
Assistez-moi, vous pour qui j'ai chanté
Paix et concorde, au bruit sanglant des armes;
Et sous le joug, espoir et liberté.

Payez mes chants doux à votre mémoire :
Je tends la main au plus humble denier.
De Manuel pour consacrer la gloire,
Prêtez secours au pauvre chansonnier.

TABLE.

FIN DE LA TABLE.

www.ingramcontent.com/pod-product-compliance
Ingram Content Group UK Ltd.
Pitfield, Milton Keynes, MK11 3LW, UK
UKHW020913180726
13838UKWH00002B/530

9 782329 419923